REVUE

DE

CAVALERIE

—

EXTRAIT

De la livraison d .... 191_ .

—

LIBRAIRIE MILITAIRE BERGER=LEVRAULT

PARIS
Rue des Beaux-Arts, 5-7

NANCY
Rue des Glacis, 18

COLONNE DU TADLA

(16 JUIN-1er JUILLET 1910)

Carnet de route du 4ᵉ goum à cheval

Le capitaine Maurice Cuny, du 1er spahis, mort héroïquement à Fez le 17 avril 1912, a, au cours de sa carrière bien courte, hélas ! mais combien brillante, tenu un journal de son existence militaire.

Les notes, qu'on lira plus loin, en sont un extrait, qui se rapporte à la colonne de Tadla (juin 1910), où Cuny, alors lieutenant, commandait à l'avant-garde le goum à cheval marocain nᵒ IV.

Ce journal, dont on a respecté entièrement la forme, est écrit avec la plus grande simplicité, les faits y sont consignés au jour le jour, sans commentaire. Nulle part le jeune officier ne songe à s'y faire valoir, et si parfois il met en relief quelque incident de la campagne, c'est uniquement afin de mettre en valeur un de ses subordonnés.

Aussi, pour connaître Cuny, faut-il chercher ailleurs et s'adresser à ceux qui l'ont vu à l'œuvre : ses chefs, ses camarades, ses subordonnés.

Promu sous-lieutenant le 1er octobre 1900, Cuny passe capitaine le 24 décembre 1910, à vingt-neuf ans; il compte à son actif 10 campagnes, dont 4 de guerre. Il a pris part à 22 combats.

Partout il s'est signalé par sa vaillance, sa bravoure pleine d'élan et de bonne humeur.

A peine débarqué au Maroc, au combat du 29 février 1908, il est cité à l'ordre du corps de débarquement pour être resté seul sur le terrain de l'action et avoir ramené, sous une violente fusillade, un chasseur démonté et entouré de Marocains.

Le 29 juin 1910, à l'issue de la colonne de Tadla dont on lira plus loin les détails, le commandement du détachement écrivait :

« Le lieutenant Cuny avec son goum faisait partie de ma « colonne, et dans les différentes actions que j'ai eues à soutenir, « il s'est montré le brillant officier que ses chefs se plaisent à « reconnaître en lui.

« Les journées ont été rudes, notamment le 23 juin, au cours « d'un combat qui a duré huit heures, mon bataillon a perdu « 10 tués et 83 blessés, les pertes totales étant de 13 tués et « 92 blessés.

« Nous en sommes sortis à notre honneur, mais tout le monde « a dû s'employer chaudement. Le peloton Cuny a notamment eu « à mission de reconnaître l'existence d'un gué accessible, pour « permettre d'abreuver la colonne excédée de chaleur ; il a rempli « la mission sous une grêle de balles avec beaucoup de brio. »

On ne peut manquer de souligner l'importance de la mission confiée au lieutenant Cuny en cette affaire.

Il fait 55° à l'ombre, la colonne est privée d'eau depuis la veille ; le combat est violent, long, pénible ; les troupes sont exténuées ; si on ne leur donne pas d'eau, c'est le désastre. L'oued est là au fond du ravin, mais les Marocains, bien embusqués, le dominent, et l'on ignore où il est accessible.

C'est alors que l'on fait appel à Cuny, qui s'élance avec son peloton, perce le cercle de feu, bousculant tout sur son passage ; il trouve un gué, le reconnaît sous une grêle de balles. Dans cet engagement, plusieurs cavaliers du 4e goum et plusieurs chevaux sont tués, le cheval que monte Cuny est blessé d'une balle, qui lui traverse les deux cuisses et quand il a rempli sa mission, Cuny va faire son rapport : la colonne est sauvée ! Son chef direct le propose pour une citation à l'ordre du corps de débarquement.

Promu capitaine, Cuny est envoyé à Colomb-Béchar. Là, il faut rester l'arme au pied en face de la frontière marocaine qu'il est défendu de franchir. Une telle inaction ne peut lui convenir.

Le 1er mars 1912, il obtient d'être désigné pour l'encadrement des troupes chérifiennes.

C'est donc à la veille du drame qu'il arrive à Fez.

Il prend le commandement d'un tabor à cheval. Nul n'ignore

ce qu'étaient ces troupes : des bandes de pillards sans discipline, rebelles à toute autorité, et hostiles à tout ce qui est français.

Les difficultés de la tâche stimulent encore le zèle et l'énergie du capitaine Cuny. En quelques semaines, par son sens du commandement, ses qualités d'organisateur, sa valeur personnelle, son esprit de justice, il a su s'imposer à ces bandits, mieux encore, il a réussi à se concilier leur attachement et leur dévouement.

C'est alors que le commandement décide que les mesures que l'on sait seront appliquées aux tabors, à partir du 17 avril.

Il en résulte une effervescence immédiate parmi ces troupes marocaines, qui sont campées aux portes de Fez, à portée de toutes les excitations du fanatisme musulman, sans que les cadres européens, d'une insuffisance regrettable, puissent réagir.

Cuny a senti le danger; il a cherché, dans la mesure de son pouvoir, à atténuer le mauvais effet des décisions prises par le commandement. Dans cette matinée du 17, il est au milieu de son tabor, maintenant le calme parmi les siens, tandis que l'orage gronde dans le voisinage.

A 11ʰ 30, il s'éloigne pour prendre quelque nourriture. A peine est-il à table, à l'hôtel français, avec ses camarades, qu'un émissaire se présente pour lui remettre un billet émanant d'un de ses sous-ordres à qui il a confié le camp en son absence.

« Mon capitaine, il y a de nombreux coups de fusil à la Kechla, « ne venez pas. Mais si, comme je vous connais, vous persistez « à venir, passez par la porte Bab-Marouk, où j'envoie quinze « de vos meilleurs et sûrs cavaliers du tabor, pour vous recevoir « et vous escorter; au milieu de vos cavaliers qui vous aiment, « qui vous sont si dévoués, il ne sera pas touché à un cheveu « de votre tête. »

Cuny part aussitôt, court à son cheval, suivi par son camarade et ami le capitaine de Lesparda.

Tous deux, convaincus que le moindre retard peut avoir des conséquences graves, sans tenir compte de l'avis qui leur a été donné, s'élancent par le plus court, la porte de Bab bou Djeloub, où campent les tabors de l'artillerie en pleine agitation. Sur la place, devant la mosquée, se tient un vieux shérif, un marabout.

Au moment où Cuny arrive à sa portée, le vieux shérif lui assène un coup de matraque. Cuny saute à bas de son cheval et allonge un coup de cravache au shérif.

Au même instant, un soldat du tabor d'artillerie sort de sa tente et froidement, à bout portant, d'un coup de fusil en plein cœur, tue à la fois l'héroïque Cuny, qui avait échappé aux dangers de vingt-deux combats, et le shérif.

Le capitaine de Lesparda a le même sort un peu plus loin.

La mort fut instantanée, sans souffrance.

Peu après, par les soins du Dr Christiani, médecin du Sultan, le corps est ramené à l'hôpital et inhumé le 18.

Aujourd'hui, le vaillant Cuny [1] repose en terre lorraine, à Pont-à-Mousson, où il est né.

Il dort à l'ombre de la plaque sur laquelle le Souvenir français a gravé :

LE SOUVENIR FRANÇAIS
AU GLORIEUX CAPITAINE MAURICE CUNY
MORT HÉROÏQUEMENT A FÉZ
LE 17 AVRIL 1912
A NOUS LE SOUVENIR, A LUI L'IMMORTALITÉ

CARNET DE ROUTE

16 juin 1910. — Constitution du détachement spécial (commandant Aubert), composé de : bataillon sénégalais à 4 compagnies; goum marocain à pied n° IV; compagnie montée de la légion; 1 section de mitrailleuses; 1 section d'artillerie de montagne; escadron du 1er spahis; goum marocain à cheval n° IV. — Effectif de la colonne : 1.200 hommes environ. — Départ de Kasbah ben Ahmed sur ordre inopiné à 2 heures du soir. Goum à cheval à l'avant-garde devant l'escadron du 1er spahis, auquel il est rattaché. Arrivée à 7 heures du soir à *Aïn Rebah,* où le groupe

---

(1) Le capitaine Maurice Cuny était au tableau pour la croix et il devait recevoir cette récompense, prix de sa magnifique vaillance, le 14 juillet 1912.

capitaine Daugan (dont fait partie le goum à cheval) campe.
Le groupe capitaine Fleury et l'état-major campent à 4 kilomè-
tres au sud à *Aïn Bakora*. 15 cavaliers détachés sur effectif *35*. —
Vivres : huit jours. Sans bagages.

17 juin 1910. — Départ d'Aïn Rebah à 3 heures du matin
Formation de la colonne à 4 heures du matin à Aïn Bakora
Goum à cheval en tête devant l'escadron du 1er spahis. Direction : les Oulad Brahim (fraction des Ourdigha). Quelques ve-
dettes aperçues sur le plateau sud des Oulad Abdoun et dans la
direction de l'est (Beni Ikhlef). Station à 8h 30 à Biar Recha.
Mise en route à 9 heures. Après avoir pris pied sur le plateau des
Oulad Brahim, le goum à cheval pousse une reconnaissance
(maréchal des logis Sekhi Saïd et 6 cavaliers) sur le dechra des
Oulad Brahim dont on ignore les dispositions, et dans les environs
duquel apparaît une certaine émotion. (Les Oulad Brahim ont
été razziés par une colonne française au cours d'une opération
de police, à Bou Djniba, 13 août 1909.) La djemâa étant venue
sur ces entrefaites offrir une targhiba, la colonne dépasse ce
dechra sans incident, et descend dans l'oued aux puits situés
en dessous du Kef, où elle fait grand'halte.

Reprise de la marche à 1h 30 de l'après-midi par la piste des
Oulad Brahim Beni Smir. Pointe d'avant-garde : maréchal des
logis Sekhri et 6 cavaliers. Sans incident. Arrivée au dechra des
Beni Smir à 7 heures du soir. Toutes les fractions Beni Smir sont
rassemblées et entassées dans le dechra sous la menace d'une atta-
que prochaine des Smahla, et accueillent la colonne comme une
troupe libératrice. La colonne campe à 7h 30 à la tombée de la
nuit dans les jardins de l'Oued Zem. Arrivée au goum à cheval
d'un émissaire des Beni Moussa, venant de l'Oued el Abid.

18 juin 1910. — Départ de l'Oued Zem à 4 heures du matin
un sous-officier et 10 cavaliers à l'arrière-garde, le reste du goum
réparti dans la colonne. Terrain rocailleux où la colonne avance
avec peine, l'Atlas apparaît dans la direction du sud et du sud-
est. A 6 heures, un rassemblement de cavaliers Smahla est signalé
sur la gauche à l'est de Kondia Zerda. Traversée des douars

Beni Zemmour armés, sans incidents. Abreuvoir à l'oued Bou-
guerroum. Le marabout de Bou Jad, qui s'est fait précéder par
un de ses frères, vient avec sa suite au-devant du commandant
de la colonne. Arrivée à 11 heures du matin devant Bou Jad,
où la colonne fait grand'halte au nord de la ville. Mise en route à
2 heures de l'après-midi, en contournant la ville par l'ouest,
direction sud : kasbah Tadla. Chaleur torride. Le goum à cheval
se reforme, et reprend sa place en tête de colonne avec l'escadron
du 1er spahis. A 10 kilomètres environ avant l'arrivée à Tadla,
une patrouille de 10 goumiers à cheval, sous les ordres du lieu-
tenant commandant, est mise à la disposition du capitaine du service des renseignements de la co-lonne pour prendre les de-vants et assurer le ravi-taillement à Tadla. Cette patrouille essuie quelques coups de fusil à quelques kilomètres avant l'oued Kaïker. Des feux allumés par mégarde à l'arrière-garde de la colonne con-tribuent à augmenter l'in-quiétude et l'hostilité des douars rencontrés, avec lesquels la patrouille est

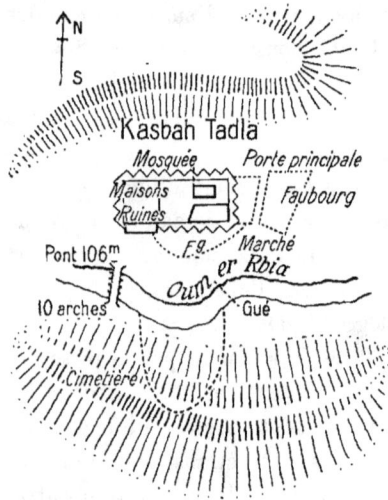

obligée de parlementer. Les goumiers, quoique menacés par
des habitants armés et hostiles, sont maintenus la carabine dans
le dos. La patrouille réussit à passer, elle traverse le ravin ac-
centué de l'oued Kaïker, en prenant les mesures de sûreté stric-
tement nécessaires, mais, ainsi retardée, elle n'arrive devant la
kasbah Tadla qu'à la tombée de la nuit. Un parlementaire envoyé en avant revient avec les renseignements suivants : « Le
Caïd, compromis avec les Français, est prisonnier dans sa kasbah.
Les habitants, qui ont pris les armes, et ils sont fort nombreux,
car la kasbah est énorme, font dire à la patrouille de se retirer,

sous la menace de lui faire un mauvais parti. » En même temps, au milieu de cris et du désordre général, des cavaliers en nombre sortent de la kasbah et tirent des coups de fusil. La patrouille se voit dans l'obligation de repasser l'oued Kaïker dans la nuit, et de se replier sur la colonne qui arrive, et campe, sans eau, sur la rive nord de cet oued. Le goum à cheval protège l'installation dans la nuit.

19 juin 1910. — Départ de la colonne à 6 heures du matin. Un groupe, formé par le goum à cheval et le goum à pied, constitue l'extrême avant-garde, précédant même l'escadron de spahis. Le groupe se trouve à 7 heures du matin devant la kasbah Tadla, en face de plusieurs centaines de gens armés, criant, gesticulant, et prétendant empêcher la colonne d'aborder la kasbah. Le maréchal des logis Sekhri, qui commande la pointe, fait preuve de beaucoup de sang-froid et de calme, et engage les premiers pourparlers avec cette foule menaçante, immédiatement appuyé par tout le goum à cheval. Le goum, malgré la menace de tous ces fusils, dirigés sur les cavaliers, et en particulier sur le lieutenant commandant et les gradés français, garde son calme, reste en ordre et la carabine dans le dos. Il dégage insensiblement et au pas le front à l'infanterie, et, toujours suivi de gens menaçants, prend la direction de l'oued Oum er Rbeâ, en aval de la kasbah, où le lieutenant commandant connaît l'existence d'un pont. Le goum à cheval met immédiatement la main sur ce pont, qu'il franchit, et s'installe sur la rive gauche de l'oued. Cette opération était à peine entreprise et le goum à cheval prenait ses dispositions pour interdire l'accès du pont sur la rive gauche, lorsque subitement la colonne commence l'engagement sur la rive droite. Immédiatement pris à parti par les habitants de la kasbah, qui tirent du haut des murs et des terrains qui surplombent l'oued, à moins de 200 mètres et par-dessus l'oued, sous un feu violent et ajusté, le goum à cheval s'abrite près du pont, qu'il occupe et défend contre de nombreux ennemis qui commencent à se faufiler dans le ravin même de l'oued pour couper le goum de la colonne. Le lieutenant commandant ayant demandé de suite un soutien d'infanterie, une section de la 6e compagnie

sénégalaise, mise à sa disposition et sous ses ordres, vient relever au pont, qu'elle occupe, le goum à cheval, tandis que celui-ci va tenir rapidement par des patrouilles et des postes toutes les crêtes de la rive gauche, formant tête de pont. Il assure ainsi le débouché de la colonne, et pendant toute la matinée écarte toute inquiétude pouvant provenir pour celle-ci des nombreux rassemblements ennemis de la rive gauche de l'oued. Dès le début, une différence nette se marque entre les rassemblements aperçus au sud-est, armés, mais non hostiles (Aït Kerkait, dont le Cheikh se met de suite à la disposition du lieutenant commandant), et les rassemblements du sud et du sud-ouest (Aït Roboa), franchement hostiles. De ce côté un va-et-vient continu de cavaliers et fantassins ennemis s'établit toute la matinée le long des patrouilles et postes du goum à cheval, qui sont pris à parti par leurs feux. Une fusillade, parfois assez vive, s'engage à différentes reprises, avec des alternatives de mouvement en avant et de mouvement de retraite de la part des Aït Roboa, en face du goum à cheval, qui maintient ses positions, jusqu'à ce qu'un tir bien ajusté et efficace, exécuté par la section de mitrailleuses, restée de l'autre côté de l'oued, venant appuyer le feu réglé des goumiers au moment d'un mouvement très offensif des Aït Roboa, éloigne définitivement leurs rassemblements. Des habitants de la kasbah, qui ont passé l'oued à un gué situé en amont, et ont menacé un instant de couper du pont le goum à cheval, ont été maintenus en respect par la patrouille Est (brigadier Marthelot). A 11ʰ 45, la colonne ayant cessé la fusillade, et le commandant ayant accordé l'aman, le goum à cheval reçoit l'ordre de se replier avec la section sénégalaise du pont sur le goum à pied, resté sur la rive droite de l'oued, en face du pont, à la garde d'otages et de prisonniers. Ce mouvement s'exécute par échelons à midi, sous la protection de la section sénégalaise, et le goum repasse le pont derrière celle-ci, sans incidents. La colonne s'établit au camp au nord-est de la kasbah Tadla, et le goum à cheval rentre au camp avec le goum à pied, après avoir traversé la kasbah, sa mission terminée.

20 juin 1910. — Séjour à Tadla. A 6 heures du matin, le goum à cheval se joint à l'escadron du 1er spahis pour effectuer une reconnaissance sur la rive gauche de l'oued, au rebord du plateau sud. Sans incident. Dans l'après-midi arrive le marabout de Bou Jad, qui se fait recevoir par le commandant de la colonne, mais dont la politique douteuse commence à se faire jour. A 7 heures du soir, un renseignement paraissant vraisemblable ayant annoncé que le camp français serait attaqué dans la nuit par de nombreux contingents Beni Zemmour, Aït Roboa et Berbères de la rive gauche, toutes dispositions sont prises. La nuit se passe sans incident.

21 juin 1910. — Départ de la kasbah Tadla à 4 heures du matin. Direction officielle : kasbah des Beni Mellal. Direction prise : kasbah Zidania. Le marabout de Bou Jad, invité à escorter la colonne, prend des faux-fuyants et s'y refuse. Piste suivie rive gauche de l'oued. Goum à cheval en tête devant l'escadron du 1er spahis. Traversée des douars très nombreux des Beni Madan, tranquilles et non armés. 2 kilomètres avant de sortir des Beni Madan, le lieutenant commandant recueille d'un indigène venant de Zidania le renseignement suivant : « Les Beni Amir sont rassemblés en armes, cavaliers et fantassins, à la limite de leur territoire, en avant du marabout de Si M'Hammed ben Allah, et ont l'intention de barrer le passage à la colonne. » Renseignement reconnu de suite comme exact. A 8 heures du matin, la pointe (maréchal des logis Sekhri et 6 cavaliers) se heurte aux premiers cavaliers Beni Amir, et échange avec èux quelques coups de fusil. Le goum à cheval rentre à l'escadron du 1er spahis, car la cavalerie vient de recevoir la mission de flanquer au sud le déploiement et le mouvement en avant de la colonne. Le goum opère comme l'un des quatre pelotons de l'escadron qui a détaché un de ses pelotons à l'arrière-garde. L'escadron ainsi constitué à 4 pelotons se forme en échelons à distance double, chaque peloton en fourrageurs par groupes de deux débordant d'un demi-front. Par la combinaison d'un rapide mouvement au galop et d'alternatives de combat à pied de demi-pelotons, sans être inquiété sur sa gauche, il enveloppe les groupes de cavaliers ennemis qui, se retirant devant les feux de la colonne qui progresse vers l'ouest, cherchent à prononcer eux-mêmes un mouvement de rabattement vers le sud, sur notre flanc gauche. Les cavaliers sont rameutés vers l'oued, à l'ouest de kasbah Zidania. A la fin de ce mouvement, l'escadron prend position de combat à pied sur un glacis qui domine à cet endroit la vallée de l'oued très resserrée. Le goum à cheval constitue la gauche de la ligne de feu. Mais pris à parti par les feux des habitants des ksours de la rive droite de l'oued, qui dominent, et de près, le glacis, en même temps que par des cavaliers ennemis dissimulés dans des jardins de l'oued situés en aval de kasbah Zidania, l'escadron subit immédiatement des pertes, et, ne pouvant se maintenir sur cette position trop aventurée, il est obligé de se replier légèrement jusqu'à un abri. Le brigadier *Marthelot*, du cadre du goum, a été blessé d'une balle qui lui a traversé le talon droit, et le goumier *Bouazza ben Mohamed*, matricule 78, d'une balle qui lui a brisé un gros orteil. Le brigadier *Marthelot* n'a même pas rendu compte de sa blessure, il a continué à combattre, et ce n'est que sur le rendu compte fait par des spahis du cadre, que le lieutenant, ayant examiné sa blessure, lui a donné l'ordre d'aller à l'ambulance et d'y amener le goumier *Bouazza ben Mohamed*. La compagnie de légion montée vient relever l'escadron. D'ailleurs la fusillade cesse, sauf encore quelques coups de fusil isolés; l'aman vient d'être accordé. L'escadron reçoit l'ordre de rentrer à kasbah Zidania pour y camper. Le maréchal des logis Sekhri a, pendant tout le mouvement de l'escadron, assuré la liaison avec la colonne, et combattu avec sa patrouille contre des groupes de cavaliers qu'il a repoussés avec beaucoup de mordant.

22 juin 1910. — Départ de kasbah Zidania à 3 heures du matin dans la direction, tenue secrète, des Krazza, où un renseignement a signalé la présence d'une partie de la smala de Ma el Aïnin. Le goum à cheval en tête devant l'escadron du 1er spahis. Peu après, un nouveau renseignement ayant démenti le premier, après le passage de l'oued Dernat à Moulay Bou Sekhri, la colonne change de direction, et se rapproche de l'oued Oum er Rbeâ. Quelques rassemblements sont aperçus à la limite des Beni Amir (zaouïa des Cherkaoua), mais n'entreprennent aucun acte d'hostilité, le lieutenant commandant ayant envoyé des émissaires pour les rassurer. Après une grand'halte faite à 11 heures du matin sur l'oued Deï (en territoire Beni Moussa, oued venant de Kasbah Beni Mellal), la colonne se remet en marche à 2 heures du soir, et arrive vers 3 heures à Aïn Zerga, où elle campe. Des renseignements arrivent au camp le soir, d'après lesquels d'importants rassemblements Beni Moussa se forment pour attaquer la nuit. Toutes dispositions prises. La nuit se passe sans incident.

23 juin 1910. — Départ d'Aïn Zerga à 4 heures du matin dans la direction de Dar Ould Zidouh. Le 4e goum à cheval constitue la pointe de la cavalerie d'avant-garde, qui, sous le commandement du lieutenant Dejean, du 1er spahis, comprend : 4e goum à cheval, 2 pelotons du 1er spahis.

6h 30 du matin. — A hauteur des douars et kasbahs des Oulad Illoul (armés, très nombreux et agités), le lieutenant commandant reçoit d'un émissaire envoyé en avant, et arrêté sous menace de coups de fusil, le renseignement que deux rassemblements d'environ une centaine de piétons armés chacun se trouvent sur la route de marche, prêts à barrer le passage. La patrouille de pointe (maréchal des logis Sekhri et 7 cavaliers) se trouve immédiatement en présence de ces deux rassemblements. Le lieutenant commandant la fait appuyer de suite avec le goum à cheval, dont les cavaliers ont été soigneusement maintenus la carabine dans le dos. Il se porte au-devant de ces gens armés, et leur enjoint de se disperser et de laisser la piste libre à la colonne, pour éviter tout conflit, ordre qu'ils commencent à exécuter. Devant leurs hésitations, le lieutenant retourne à eux pour réitérer cet ordre, lorsque des coups de fusil éclatent en arrière. Fusillade nourrie à l'arrière-garde, qui provoque immédiatement quelques coups de fusil partant de ces groupes, et dirigés sur les goumiers. Le goum à cheval, se conformant aux dispositions prises par la colonne, s'établit au combat à pied, bientôt prolongé à gauche par les deux pelotons du 1er spahis. Le feu prend de suite une grande intensité; un grand nombre de cavaliers et fantassins ennemis paraissent subitement dans la direction du sud-ouest.

Le goum à cheval leur fait face en avant et à gauche de la direction de marche, et les tient en respect par des feux bien ajustés.
La patrouille de pointe, commandée par le maréchal des logis
Sekhri, a immédiatement sauté à un point d'appui important,
constitué par une kasbah ruinée près de l'oued, en avant et au
nord de la direction de marche : il le tient avec ses 7 cavaliers.

Le goum à cheval a bientôt à faire face à des Marocains abrités
dans des kasbahs à 300 mètres au sud de la piste. Pris à parti par
le feu de ces derniers, qui, très vif et ajusté, le prend de flanc, —
ayant sa droite en l'air, — recevant enfin dans le dos des balles
tirées de l'autre côté de l'oued, — le goum doit se replier légèrement pour abriter ses chevaux et se relier, à droite, à la section sénégalaise du lieutenant Villiet qui fait face à l'oued, à gauche, aux deux pelotons du 1er spahis. Vers 9 heures, ordre est reçu de ménager à tout prix les munitions. Aussi le goum se borne-t-il à exécuter quelques feux de salve espacés sur les cavaliers et fantassins ennemis, qui, ayant vu ce léger mouvement de repli, se sont
immédiatement rapprochés à 200 mètres et deviennent très
menaçants et dangereux par leurs feux. Le goum, inondé de
projectiles, reste calme et en main, et ne tire que rarement et à
courte distance.

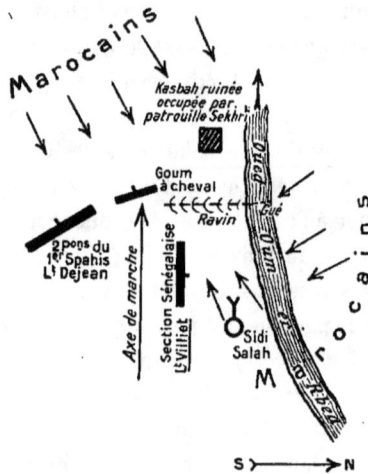

10h 20 du matin. — La patrouille du maréchal des logis Sekhri,
par suite d'une erreur, reçoit trois coups de canon dirigés contre
la kasbah qu'elle occupe, et se replie sur le peloton du goum.
Le point d'appui à proximité de l'oued qu'elle est ainsi obligée
de quitter, est immédiatement saisi par les Marocains qui tentent un mouvement enveloppant coupant notre droite de l'oued.

A ce moment précis, le lieutenant commandant reçoit du commandant du groupe d'avant-garde l'ordre d'aller reconnaître avec le goum à cheval un gué à l'oued. Il s'agit de se frayer un passage au travers du cercle qui vient de se refermer sur la droite. A la faveur d'un ravin très encaissé, orienté sud-nord, le goum à cheval, précédé d'une patrouille commandée par le maréchal des logis Dubreuil, se porte au galop, sabre à la main, dans la direction de l'oued. Malgré un terrain particulièrement difficile et les nombreux Marocains embusqués dans ce ravin, qui tirent à bout portant, le goum arrive jusqu'à l'oued, bousculant tout sur son passage. L'oued est reconnu rapidement sous les feux croisés partant du marabout de Sidi Salah, de la kasbah ruinée et de la rive opposée. Le goum se replie au galop par le même chemin, n'ayant qu'un cheval tué et deux chevaux blessés, sur la section sénégalaise du lieutenant Villiet. Le cheval du lieutenant commandant a été blessé quelques instants auparavant, les deux cuisses traversées. Le renseignement recueilli sur le gué est donné directement en ce point au capitaine Daugan, commandant le groupe d'avant-garde.

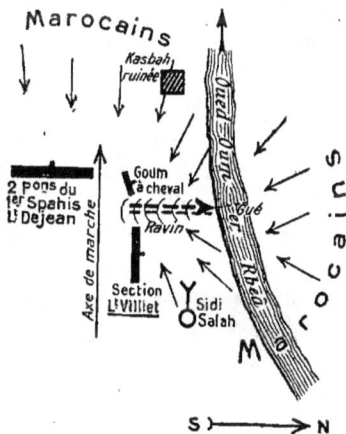

Le goum à cheval, ayant terminé sa mission, rejoint les deux pelotons du 1er spahis, et se replace sous les ordres du lieutenant Dejean. Il est réapprovisionné en munitions.

11h 30 du matin. — Le goum reprend une position de combat à pied entre le demi-escadron Dejean et la compagnie montée de la légion. Il exécute des feux ménagés et de près sur des cavaliers et fantassins ennemis, dans la direction de l'ouest et du sud-ouest.

12h 30. — Ordre reçu du capitaine commandant le groupe d'avant-garde : La colonne reprend la marche en avant; protéger son flanc gauche. Le goum à cheval se place entre les deux demiescadrons du 1ᵉʳ spahis sur le flanc sud. Formation en échelons de fourrageurs, chaque peloton débordant à gauche d'un demi-front. Combinaison du mouvement en avant et de plusieurs feux exécutés sur les derniers cavaliers ennemis qui tentent un retour offensif sur le flanc sud. Le rassemblement de la colonne dans la kasbah ruinée, où elle trouve de l'eau, est fait à 1 heure du soir. Reprise du mouvement en avant à 1ʰ 30. Les quelques tentatives ennemies sur le flanc sud sont définitivement repoussées par la cavalerie. Traversée de nombreux douars qui, occupés par des femmes seules, ont hissé des drapeaux blancs. Arrivée à 3 heures à une formation de rassemblement de la colonne, sur l'oued, dans un thalweg subordonné, sans que le flanc gauche soit désormais inquiété. Abreuvoir dans l'oued. Les dernières unités d'infanterie subissent un retour offensif violent, qui vaut quelques nouvelles pertes, tant à l'arrière-garde, sur la ligne de feu, que dans le rassemblement de la colonne. Puis la fusillade cesse.

Au cours de ce combat :

Le maréchal des logis Sekhri Saïd, numéro matricule 35, a conduit la patrouille de pointe avec beaucoup de tact, en même temps qu'avec un mordant remarquable. Dès le début de l'engagement, il a sauté à un point d'appui important, quoique aventuré, et l'a tenu avec 7 cavaliers pendant quatre heures;

Le maréchal des logis Dubreuil, numéro matricule 3856, à la tête d'une patrouille, et précédant son peloton, s'est acquitté avec beaucoup d'audace et de décision de la mission périlleuse d'aller reconnaître un gué sous le feu, et en se frayant un passage au travers d'un cercle d'ennemis;

Le spahi Messaoud, matricule 318; le goumier Abderrhaman, matricule 20; le goumier Bouazza bou Chaïb, matricule 4, se sont fait remarquer par leur entrain sous le feu dans la patrouille Dubreuil, chargée d'une mission périlleuse.

5 heures du soir. — Après deux heures passées en formation de rassemblement près de l'oued, la colonne se remet en marche, en carré, encadrant le convoi des morts et des blessés. Le goum à cheval protège la face sud, la plus exposée. Arrivée à Dar Ould Zidouh, sans que la colonne soit inquiétée. Installation au camp dans la kasbah à 7ʰ 30 du soir.

24 juin 1910. — Départ de Dar Ould Zidoûh à 4 heures du matin. Goum à cheval en tête devant deux pelotons du 1er spahis. Traversée à gué de l'oued Oum er Rbeâ. Marche sur Zaouïa Termest. Le camp est installé au nord de la kasbah à 11 heures du matin.

2 heures de l'après-midi. — L'alerte est donnée, et le camp levé sur la foi d'un renseignement d'après lequel les Chleuh de la montagne, ayant réoccupé Dar Ould Zidouh, prononceraient un retour offensif contre la colonne. Le goum à cheval pousse, avec l'escadron du 1er spahis, une reconnaissance vers l'est, dans la direction de Dar Ould Zidouh. Il rentre sans incident à 6h 30 du soir au camp, qui est formé, partie dans la kasbah, partie autour de la zaouïa. Arrivée de la colonne Tribalet, retour des Sraghna, et qui, venant d'El Boroudj, opère à Termest sa jonction avec la colonne Aubert.

25 juin 1910. — Séjour à zaouïa Termest, au bord de l'oued Oum er Rbeâ (rive droite). Arrivée du premier convoi de ravitaillement, venu avec deux pelotons du 6e chasseurs d'Afrique et une pièce d'artillerie de 75.

26 juin 1910. — Départ de zaouïa Termest à 3 heures du matin, direction El Boroudj, des Beni Meskin, par Kef el Biod, confluent des oueds El Abid et Oum er Rbeâ. Arrêt à Biar Zours; quelques coups de fusil à l'arrière-garde. Arrivée à midi à El Boroudj, où la colonne rejoint celle du général.

27 juin 1910. — Séjour à El Boroudj.

28 juin 1910. — A 8 heures du matin, le goum à cheval est désigné pour opérer une réquisition d'orge. Il se rend par Meskoura à zaouïa Sidi Belkacem (Oulad Farès). La réquisition est terminée pour la nuit. Les chevaux, dessellés à 7 heures du soir, sont ressellés à minuit 15 (bivouac à zaouïa Sidi Belkacem). Le goum escorte le convoi d'orge réquisitionnée jusqu'à El Boroudj, où il rejoint le camp sans incident à 7h 30 du matin.

29 juin 1910. — Repos à El Boroudj.

30 juin 1910. — Le goum à cheval et le goum à pied, sous le commandement du lieutenant commandant le goum à cheval, quittent la colonne et ont l'ordre d'escorter un convoi de 200 chameaux jusqu'à kasbah ben Ahmed. Départ d'El Boroudj à 4 heures du matin. Étape à Aoulelli.

1er juillet 1910. — Retour d'Aoulelli à Ben Ahmed.

Extrait de la *Revue de Cavalerie*

NANCY-PARIS, IMPRIMERIE BERGER-LEVRAULT